¡Sssssshhhhhhhhhh!

Haz del teatro algo íntimo

Llévalo siempre en el bolsillo

Cubierta y diseño editorial: Éride, Diseño Gráfico
Dirección editorial: ángel jiménez
Imagen de cubierta: Juan Varela Simó

Primera edición: octubre, 2025

Un día perfecto
© Laura Cepeda
© VdB, 2025
Espronceda, 5
28003 Madrid

VdB

ISBN: 979-13-87644-31-4
Depósito Legal: M-16201-2025
Diseño y preimpresión: Éride, Diseño Gráfico

 Este libro protege el entorno

un día perfecto

Laura Cepeda Golferichs

Nació en Monterrey N.L. (México) de madre de origen catalán y padre bastante mezcladito, entre otras cosas, con sangre indígena de indio apache.

Ha recorrido diversos caminos siempre dentro del mundo del espectáculo.

Como actriz, ha trabajado, en todos los medios, primero en Italia, donde realizó estudios de interpretación en *La Cívica Scuola Del Piccolo Teatro* y donde debutó como actriz, participando en el mítico montaje de *La storia di un soldato* dirigido por Dario Fo, antes de volver a España, a Madrid donde debutó como Constanza Weber, la esposa de Mozart, en *Amadeus*.

La lista de sus trabajos teatrales es larga: *La bella Dorotea, El desdén con el desdén, Historia de una muñeca abandonada, Paso a paso, La extraña pareja, La noche de las tribadas, La camarera de la Callas, Vuestra; Jo Van Gogh*, por mencionar algunas, llegando a tener su propia compañía teatral: Canalla Teatro.

En ficción ha participado en todo tipo de proyectos desde telenovelas como *La verdad de Laura*, a series de gran audiencia como *Tío Willy, Raquel busca su sitio* y en proyectos internacionales como *Everly* que coprotagonizó con Salma Hayek.

Paralelamente ha realizado un largo recorrido con más de sesenta proyectos, tanto en España como fuera, como directora de reparto. *Padre Coraje, Ángel o demonio, Salvador Puig Antich, Habana blues, Próximo Oriente, El camino de los ingleses, Adiós, La novia gitana, La red púrpura*, son algunos de los proyectos de series o largometrajes en los que ha colaborado.

LAURA CEPEDA

un día perfecto

Esta obra se estrenó en el teatro La Sala de Madrid
el 9 de noviembre de 2025 interpretada por Laura Cepeda (EVA),
Ricardo Reguera (MIGUEL/LA MUERTE/HOMBRE/EMPLEADO OFICINA 2
/RECEPCIONISTA DEL CIELO), Eva Quirós (ANGÉLICA/MUJER)
y Gonzalo Hermoso (ROMEO/JOVEN/CUIDADOR/EMPLEADO OFICINA 1)

Dirección: Laura Cepeda y Diego Cabrales.

Personajes

EVA   Mujer de unos 65 años, trabajadora social en una ONG, que ayuda a inmigrantes africanos indocumentados.

MIGUEL   Hombre de 40/45 años. Creativo publicitario. Fue pareja de Eva.

ANGÉLICA   Mujer de 45/55 años. Madre de EVA. Murió joven. Era traductora y escritora ocasional.

ROMEO   Hombre de unos 27 años. El primer amor de Eva.

LA MUERTE

MUJER

JOVEN

HOMBRE

CUIDADOR

EMPLEADO OFICINA 1

EMPLEADO OFICINA 2

RECEPCIONISTA DEL CIELO

Voces en off

PERIODISTA

MÉDICOS

En escena solo hay una mesa con ruedas o similar y encima de ella un objeto, no muy grande, tapado con una tela. Un atril, sillas y un burro con prendas de ropa, todo disperso por el espacio escénico. Se oirá el sonido de un atentado, gritos, llantos etc., y a continuación el de una sirena de ambulancia. Luego sobreponiéndose a estos sonidos, el de las teclas de una máquina de escribir de los años 60 que seguirá, como fondo, cuando en off, se oiga la voz del PERIODISTA, *retransmitiendo noticias por la radio.*

PERIODISTA   (*Voz en off.*) ¡Última hora! La policía sigue rastreando la zona buscando al grupo de jóvenes que produjo la explosión múltiple, de más de cien petardos, al mismo tiempo, en un mercado del centro. Entre los heridos hay una mujer, no identificada hasta el momento, que ha resultado herida de gravedad en la desbandada que se produjo en las escaleras de salida del mercado.

(Desaparece el sonido de la máquina de escribir. Entra LA MUERTE *con un traje de caballero oscuro. Se adivinará su personaje a lo largo de la escena. Luego entra* EVA, *con un carrito*

7

de la compra, aunque también puede estar en escena tumbada sobre la mesa o plataforma, de espaldas al público.

EVA   Hola ¿Quién eres? ¿Estás aquí para cuidarme?

LA MUERTE   Hace mucho tiempo que te estoy esperando.

EVA   Hay un tiempo para todo. Un tiempo para amar y un tiempo para odiar. Un tiempo de guerra y un tiempo de paz. Un tiempo para abrazarse y un tiempo para despedirse.

LA MUERTE   Un tiempo para nacer y un tiempo para morir.

EVA   Ayer volví de pasar un día en el campo. Ví a unas mamás ganso cuidando de sus polluelos.

LA MUERTE   Apenas te acercabas a ellos las madres, amenazantes, estiraban el cuello y parpaban hacia tu dirección convencidas de que te iban asustar. Te enterneció.

EVA   También me enterneció ver a una cerda negra, pero bien negra, ocupándose, sin desfallecer, de dar de mamar a sus múltiples crías, sin saber que sus crías y ella misma acabarían en nuestros estómagos a cien euros el kilo, mínimo. No voy a volver a comer jamón en mucho tiempo.

LA MUERTE   Dicen que la mejor imagen que se tiene del tiempo es la de un río donde el agua que fluye es el tiempo que pasa, pero si eres tú el que está sentado en una barca llevada por el fluir de esa corriente, ¿significa que es tu tiempo el que fluye, el que pasa, el que se va?

EVA   Esta mañana, me desperté temprano y como odio hacer la compra decidí, antes de ir al centro de acogida, pasarme por el mercado del barrio. Hice una lista para no olvidarme de nada.

LA MUERTE   ¿Y si no fuera así? ¿Y si el tiempo no avanzara? Piénsalo Eva, el presente apenas nace, muere para dar vida al futuro, y todos los presentes se van convirtiendo inmediatamente en una larga cadena de pasados. ¿Cómo aprendéis a distinguir el futuro del pasado si solo vivís en el presente?

EVA   Compré fruta, leche, dos tipos de queso, huevos, y un montón de cosas más y, cuando ya no me cabía nada más en el carrito, decidí salir por el lateral que da al callejón, la única salida con escaleras.

LA MUERTE   Eva, el tiempo de la vida es andar hacia atrás dejando enfrente lo que ya fue, mientras que el futuro es el que te espera a tu espalda, no delante, como erróneamente pensáis.

    (Otra vez se vuelve a oír la sirena de la ambulancia, luego las teclas de la máquina de escri-

bir de los años 60 y, nuevamente, entra en off la voz del Periodista, *retransmitiendo una noticia por la radio.)*

Periodista   (*Voz en off.*) Testigos presenciales han descrito el ruido similar al de un atentado y las escaleras se han convertido en un tapón produciendo muchas caídas y aplastamientos. Seguiremos informando.

(Desaparece el sonido de la máquina de escribir.)

Eva   ¿Por qué decidí salir por el lateral en el que hay escaleras? Casi siempre salgo por la entrada principal. Delante de mí iba un niño de unos cuatro años agarrado a la barandilla siguiendo a su madre.

La Muerte   El niño te hizo recordar a una mujer sudanesa, a la que habías conseguido que una residencia la acogiera. Una inmigrante sin papeles, embarazada de gemelos, que habla un inglés más que correcto.

Eva   El jueves, cuando estuve con ella en el centro, me preguntó si Romeo, era un nombre apropiado para un niño.

La Muerte   Romeo. Nunca pudiste olvidarlo.

Eva   Y me preguntó qué otro nombre masculino me gustaba. Le dije que Miguel.

LA MUERTE   Miguel. ¿Estás segura?

EVA   *«And a girl's name?»*, me siguió preguntando. *«I like Angélica»*, le respondí.

LA MUERTE   Angélica.

EVA   El nombre de mi madre, (*Mira a* LA MUERTE.) y sí, a Romeo nunca lo he olvidado. Imposible olvidar algunos abrazos. Olvidar el contacto de su piel contra la mía. Cuando mi tiempo, el de todos, se acaba, ¿dónde se queda todo lo que hemos vivido y elegido recordar?

              (EVA, *destapa el objeto situado encima de la mesa y vemos que es un reloj grande de arena al que le queda poca arena en la parte superior.*)

LA MUERTE   ¿Dónde se quedan todas las personas con las que te has cruzado, que has conocido y por algún motivo están incrustadas en tu memoria y son tu vida?

EVA   Y entonces, inesperadamente, cuando estaba en las escaleras, algo pasó, fue como una explosión y solo vi al niño que iba agarrado de la barandilla. Mientras protegía su pequeño cuerpo con el mío pensé: ¡No! ¡No quiero que desaparezca, no quiero desaparecer! Me niego a dejar desaparecer a todos y todo aquello que ha formado parte de mi vida.

La Muerte	Esa era la tristeza del replicante, no tanto el hecho de morir a los diez años justos de su fabricación —eso más bien lo enfurecía—, sino la consciencia demoledora de que, una vez muerto, las maravillas que había sentido y contemplado, desaparecerían para siempre como lágrimas en la lluvia.
	(Sale de escena llevándose el reloj de arena y el carrito de la compra.)
Eva	Lo entiendo perfectamente, esa es ahora también mi tristeza. ¿Y si yo fuera un replicante? Yo, como él, con él, me rebelo. *(Entra sonido de un corazón junto con el del oleaje del mar sobrepuesto al de las teclas de la máquina de escribir de los años 60.* Eva *mira a su alrededor buscando a* La Muerte*)* ¿Dónde estás? *(Pausa)* Tengo miedo. Eva, invéntate algo que te distraiga, un cuento… Érase una vez una isla. En esa isla vivía una mujer *(Entra* Angelica *seguida de* Romeo*, los mira sorprendida. Desaparece el sonido de la máquina de escribir.)* ¿¡Mamá!? ¿Romeo? ¿Qué hacéis vosotros aquí? *(Entra* La Muerte*, vestida con una chaqueta en la que vemos un agujero de bala.)* ¿¡Miguel!?
	(A partir de este momento Eva *sigue en escena solo observando.)*
Hombre	¿Y si yo fuera un replicante? Yo con él, como él, me rebelo. ¿Es aquí?

JOVEN   Yo te conozco, ¿de qué te conozco?

MUJER   Supongo que te estábamos esperando. ¿Te sabes tu texto?

HOMBRE   (*Busca en los bolsillos de su traje, saca un papel y comienza a leerlo.*) No me atrevo a darte ninguna explicación, en realidad no la tengo, no puedo soportar ya nuestra rutina. Sé cómo van a ser nuestros próximos veinte años. No quiero envejecer contigo ni verte envejecer…

JOVEN   ¡Ja, ja! En lo de envejecer estuviste muy acertado. ¿Y te fuiste sin más? ¡Joder! ¡Qué equivocado estabas!

MUJER   (*Le arrebata el papel a* HOMBRE *y continúa leyéndo.*) Tampoco quiero tener hijos, si estaba contigo era porque odio estar solo y follábamos bien…

JOVEN   (HOMBRE *le pasa la hoja a* JOVEN *que lee el resto.*) … Y tú eres la única mujer que he conocido a la que no hay que estar diciéndole continuamente que la quiero…

                (*Le devuelve la hoja a* HOMBRE.)

HOMBRE   (*Lo dice sin leerlo.*) …por eso cuando me pediste que tuviéramos un hijo, simplemente te dejé.

MUJER   ¿Cuánto tiempo crees que necesitas? Es lo primero que tienes que saber.

HOMBRE   ¿Entonces es aquí?

JOVEN   Este aquí es el único aquí que ahora recuerdo. Esto y la sensación de estar volando.

MUJER   Sin ánimo de agobiarte, me parece que ni te sabes tu texto ni sabes cuánto tiempo necesitas y así vas a durar muy poquito con nosotros.

HOMBRE   *(Saca la cartera de uno de los bolsillos, la abre y les enseña una foto.)* ¿La han visto por aquí?

MUJER   Puede que sí y puede que no. ¿Cómo se llama?

HOMBRE   Eva.

JOVEN   ¿Eva?

MUJER   ¿Eva? ¡Por aquí pasa tanta gente!...

HOMBRE   ¿Tanta gente?

JOVEN   Sí, vienen muchos, algunos se quedan poco, otros más. Para pasar el tiempo nos contamos lo que creemos que sabemos y repasamos el texto. Aunque realmente el que se lleva la palma de permanencia soy yo. Lo más importante es no olvidarte de tu nombre. El mío es Romeo.

HOMBRE   Miguel.

MUJER   Yo me llamo Angélica.

JOVEN   Tú llegaste mucho antes que ese grupo de médicos y enfermos que no paraban de toser, decían que eran víctimas de la gran epidemia, pero desde hace…

MUJER   …¿Días? Bueno, desde hace tiempo no llega nadie, aunque no debemos ser la única sala; algunos vienen, nos miran extrañados y luego desaparecen.

HOMBRE   ¿Días?

MUJER   Días, horas, minutos, años, ¡qué más da! El caso es que llevamos tiempo los dos solos.

HOMBRE   ¿Hasta aquí ha llegado?

MUJER   Ha llegado a todas partes. Después de la segunda ola hubo una tercera y luego una cuarta… Y la vacuna nunca fue efectiva.

JOVEN   ¡No empieces, por favor!

MUJER   Lo siento.

JOVEN

Si hay algo que quiero olvidar es ese cuento de horror que nos han ido contando a todos los que han ido pasando por aquí y que me has obligado a memorizar.

MUJER

Porque ahora es mi texto y el tuyo y ya sabes que es peligroso olvidar.

JOVEN

(*Con pocas ganas.*) ¡De acuerdo! (*Pausa.*) Cada vez moríamos más...

MUJER

Cada vez moríamos más. Unos en el mar, intentándo cruzarlo. Otros, en las barras de alambre, colgados los cuerpos como trozos de tela hecha jirones pudriéndose al sol.

JOVEN

Otros, por tierra, apiñados en camiones, sin espacio, rodeados de su mierda y sin comida.

MUJER

Mientras que el resto del mundo comía palomitas y no paraba de poner corazoncitos en las redes, el mar traía niños muertos a todas las orillas. Alepo. Alepo. Esa palabra suena continuamente en mi cabeza.

HOMBRE

¡No puede ser! ¡Tienen que estar equivocados! De Alepo apenas queda nada, más de la mitad son barrios arrasados y no interesa a nadie.

JOVEN

Primero empezaron a llegar africanos, muchos, pero enseguida se fueron; algunos sangraban por todos los poros, otros se asfixiaban. Tenían un texto…

MUJER   …tenían un texto en común. Se fueron contentos, decían que peor que en la tierra no podían estar, y se fueron cantando.

JOVEN   Luego, llegaron los asiáticos, por miles, con mascarillas que se negaban a quitárselas.

HOMBRE   Insisto que tiene que haber algún error. El primer brote nos cogió distraídos con la gran crisis, pero estoy seguro de que se logró controlar. Yo hice una gran campaña de prevención publicitaria, fue un gran éxito para mi agencia y para mí.

MUJER   ¿Prevención de qué?

HOMBRE   La IA te protege. La gran nube te protege; no beses, no toque. Vive y ama a través de las redes. Utiliza siempre mascarilla y guantes desechables y no abras la puerta a desconocidos, aunque te den caramelos.

JOVEN   ¿Aunque te den caramelos?

HOMBRE   ¿Cuál es la última fecha de la que os han hablado?

MUJER   Cuando solo un uno por ciento de la población poseía el noventa y nueve por ciento de la riqueza.

JOVEN   Cuando medio mundo estaba vendido al otro medio mundo.

MUJER	Cuando el gran cambio climático ya no tenía vuelta atrás. Calor, incendios, tornados, lluvias torrenciales, terremotos que afectaban al cuarenta por ciento de la población.
JOVEN	Políticos y banqueros que habían negado el desastre que se les venía encima lanzándose como falsos Ícaros desde lo alto de los edificios para estrellarse contra el asfalto.
EVA	*(Repentinamente habla sin que los demás la tengan en cuenta.)* Un pulso solar…
JOVEN	Un pulso solar…
MUJER	Un pulso solar…
HOMBRE	Un pulso solar destruyó los sistemas electrónicos en el mundo; teléfonos, móviles, iPads, ordenadores. Todo lo que iba con electricidad dejó de funcionar. La televisión dejó de emitir. ¡No!¡Esto no puede haber pasado!
MUJER	De la radio solo salía un zumbido constante. No había periódicos ni ningún tipo de publicación. Se paralizaron las *webs* de los gobiernos y de las mayores empresas de seguridad y control que dejaron de funcionar en todo el mundo. Internet desapareció. ¡No! ¡Esto no puede haber pasado!
JOVEN	Se pensó que en pocos días se recuperaría el control. Se utilizó al ejército de cada país para

cerrar fronteras y controlar el caos, los saqueos, las muertes violentas. ¡No! ¡Esto no puede haber pasado!

HOMBRE   Y empezamos a morir, sin más; no había enfermedad, no había síntoma. Simplemente, uno de pronto caía al suelo y le costaba respirar. Los hospitales estaban atestados y el personal médico hacia lo que podía, pero el mar…

JOVEN   El mar. Fue imposible controlar los mares y siguieron llegando barcas llenas de cadáveres putrefactos. Los más afortunados, los seleccionados, se encerraron en búnkeres.

MUJER   Mientras que gran parte de la población, que obedeció la consigna de no salir de casa, empezó a escribir mensajes a mano en hojas de papel que luego tiraban por las ventanas y el viento se encargaba de repartir.

HOMBRE   Algunos de los que se atrevían a salir, se los llevaban como un tesoro, pero la mayoría se quedaban pegados a los cristales de sus casas con los labios aplastados como peces fuera del agua. No eran consignas ni cartas de amor ni grandes discursos, sino frases muy cortas.

JOVEN   «¿Dónde estás?».

MUJER   «¿Han visto a mi hijo?».

HOMBRE   «¿A mi madre?».

MUJER   «¡Ayúdame, por favor!».

JOVEN   «Estoy empezando a olvidar».

MUJER   «No puedo respirar».

JOVEN   Y un día la gente no pudo más y se echó a la calle, como antes, sin ningún tipo de protección, y se abrazaba a desconocidos, se tocaba, se besaba sin importar el sexo ni la edad… Solo importaba sentir otra piel y otro olor.

HOMBRE   ¿Qué estoy diciendo? ¿Qué estáis diciendo? Tiene que haber algún error; en Asia se cerraron todas las comunicaciones y las cepas que llegaron a Europa se aislaron para destruirlas y a las pocas semanas se resableció el control.

MUJER   ¿Las cepas? ¿Quieres decir los seres humanos contagiados?

HOMBRE   Se les pegaba un tiro en la cabeza o en el corazón.

    (Se mira el agujero de la chaqueta.)

MUJER   ¡Bravo! Te has acordado de algo de tu texto.

JOVEN   Pues os faltaron balas, porque los que llegaron después que ella, venían de todas partes, te lo aseguro, y todos hablaban de la gran epidemia.

MUJER   Lo poco que logré sacar en claro fue que la gente estaba muriendo como chinches y que ninguno se sabía su papel.

JOVEN   Solo estaban asustados y se fueron yendo como si un gran desagüe los atrajera a su remolino. Al final solo hemos quedado ella y yo.

EVA   Y llegó el gran silencio.

(Se quedan los cuatro callados y se oye el sonido del mar.)

MUJER   *(Se dirige a* HOMBRE.) Creo que has mezclado los datos. Supongo que ha sido resultado del viaje.

JOVEN   El viaje, ¡es verdad! ¿Cómo ha sido el tuyo?

HOMBRE   ¡Agotador! No lograba abrir los ojos y sentía que me llevaban arriba y abajo remolinos de hojarasca; tenía mucho frío, y la saliva que me pasaba por la garganta me sabía a sangre. Luego, me pareció estar sentado en una nube y por un momento creí que aún respiraba. Cuando por fin logré abrir los ojos vi una puerta y entré. ¿Qué aspecto tengo?

(Salen de escena todos los personajes menos EVA. *Oímos de nuevo el sonido de las teclas de*

la máquina de escribir de los años 60 y vemos entrar a Angélica *con una máquina de escribir antigua, de los años 60, un cuaderno, un lapiz y una falsa tripa de embarazada.* Angélica, *se coloca la tripa de embarazada a la vista del público. Un embarazo de muchos meses, casi a término. Se sienta y se pone a escribir en la máquina.*)

Eva   Mamá, te recuerdo siempre con tu máquina de escribir portátil yendo con ella por toda la casa. (*Va disminuyendo el sonido de la máquina de escribir. Mientras,* Angélica *escribe a máquina.*) Cuando por fin logré abrir los ojos vi una puerta y entré. ¿Qué aspecto tengo?

Angélica Bien, se te ve bien, pero tu traje está hecho polvo y necesitas un buen afeitado. (Angélica *deja de escribir.*) No, así no. ¿Qué es lo que quieres contar?

Eva   (*Coge el cuaderno y lee unas notas en voz alta.*) Lo más importante, crear el contenedor, dar en los primeros minutos los datos para que el público sepa que historia le queremos contar.

Angélica Y pueda comprender si le vamos a contar cómo se hace una paella o si es una historia de desamor o de asesinatos...

EVA   ¿Esto es un sueño? ¿Y si esto fuera un sueño? Los sueños no tienen lógica. Mamá, ¿por qué me duele tanto la cabeza?

ANGÉLICA   Eva, tienes que saber qué historia quieres contar y sobre todo por qué necesitas contarla.

                (ANGÉLICA se toca el vientre. EVA la abraza por detrás y le acaricia el vientre.)

EVA   Me decías: «Tú no te preocupes, que verás que todo irá bien y aunque ahora esto parezca un desastre de mundo y yo te parezca un desastre de madre, lo haremos bien, y a las malas, las traductoras siempre haremos falta».

ANGÉLICA   *(Sin deshacerse del abrazo, sigue leyendo notas del cuaderno.)* ¿Con qué personajes cuentas?

EVA   Él, Joven amante, La madre y la protagonista. *(Pausa.)* ¿Con mayúsculas o con minúsculas? ¿Debería ponerles nombre?

ANGÉLICA   Él; Miguel. Joven amante; Romeo. La madre; Angélica. Y la protagonista… Eva. Habría que elegir el género…

EVA   ¿Por qué hay que elegir siempre? ¿Y qué género? No creo que nadie sepa realmente cuántos hay. La mujer más bella que he conocido había nacido siendo hombre.

ANGÉLICA   Hija, me refiero a género dramático.

EVA ¿Comedia?

ANGÉLICA (*La mira con paciencia.*) ¿A qué público va dirigido?

EVA ¿A qué público? Esto ya no sirve… Ya no hay público. Público: ninguno, ¿quién va a escucharme? Ya no escuchamos siempre; nuestra cabeza está ocupada con otras cosas, ni leemos más de tres líneas seguidas, solo hacemos fotos que inmediatamente olvidamos.

ANGÉLICA Me refiero a publico teatral.

EVA ¡Ah! ¡El teatro! Cuando era pequeña, me contabas que la gente se arreglaba para ir al teatro igual que cuando se iba al médico, y que el placer empezaba desde el momento en que, en un apartado de los periódicos, aún en papel, que se llamaba «cartelera», con un lápiz subrayabas lo que querías ir a ver.

ANGÉLICA Luego había que hacer cola en la taquilla del teatro, pues era la única forma de comprar la entrada. Los teatros olían bien y las butacas estaban casi siempre forradas de terciopelo color burdeos.

EVA Los teatros te permitían, como si fueras a los mandos de un avión, ver el mundo pequeñito y a la vez inmenso y durante un rato te olvidabas de lo que afuera te esperaba.

(*Suena un móvil,* ANGÉLICA *lo busca sin encontrarlo y sale de escena dejando la tripa encima de la mesa. Luego suena un timbre y oímos la voz de* MIGUEL.)

MIGUEL   ¿Qué aspecto tengo?

EVA   ¡Miguel! Sigo pensando que eres el hombre más atractivo que he conocido. Nunca envejeciste para mí.

MIGUEL   Eva, soy yo, he venido a traerte los papeles para firmar en vivo.

EVA   Mira a la cámara, aún no he borrado tu código. (*Entra* MIGUEL, *que es el mismo actor de 40-50 años que ha representado a* LA MUERTE *y a* HOMBRE. *Va vestido igual, solo que ahora la chaqueta está impoluta. Lleva una cartera bajo el brazo Se miran un segundo, incómodos, sin decir nada.*) ¿Cómo va la campaña de prevención? He sabido que tú llevas ahora toda la promoción. Lo que siempre has querido. Era tu sueño, ¿no?

MIGUEL   Pero no así.

EVA   Ten cuidado con lo que deseas, que a lo mejor se cumple.

MIGUEL   Nadie, entre los pocos que hemos quedado en la agencia, quería llevar esa responsabilidad. Demasiados mensajes contradictorios y todo con poco dinero y demasiadas expectativas. Si te parece, vamos a terminar cuanto antes

EVA   No vas a volver, ¿verdad?

MIGUEL   Eva, no quiero volver a hablar de lo mismo, estas cosas pasan.

             (Mientras habla va sacando de la cartera un iPad y un «pendriver». La cartera se le vuelca y de ella cae una pistola, MIGUEL la recoge rápidamente intentando no darle importancia.)

EVA   No sabía que tuvieras una pistola.

MIGUEL   La he traído para ti. Yo tengo otra. Ahora ya es un objeto de primera necesidad.

EVA   No la quiero. Ya te lo he dicho varias veces y no tengo ni idea de cómo se usa.

MIGUEL   *(Sin decir una palabra, le muestra cómo quitar el seguro y dispara. Se oye un clic, pero nada más. MIGUEL vuelve a cerrar el seguro.)* Tiene veinte disparos, y no te olvides de quitar el seguro.

EVA   No la quiero.

MIGUEL   ¿Cuántas claves de reconocimiento tiene la cámara de entrada?

EVA   Ahora solo la tuya, la mía y la del cuidador. He borrado la de tu hermana. Hace semanas que su móvil está apagado.

MIGUEL   Seguro que ha encontrado un sitio para ella y sus hijos en la selva.

EVA   Y ahí no hay cobertura…

MIGUEL   ¿Por qué nunca me pediste que te dijera que te quería?

EVA   Te lo pedí una vez delante de un árbol de Judas.

MIGUEL   ¿El árbol de Judas?

EVA   Sí, uno de esos árboles con hojas en forma de corazón, como monedas, con flores diminutas de color rosáceo que retoñan en primavera.

MIGUEL   Eso es un almendro.

EVA   Hay muchos árboles con flores rosas, pero solo uno con hojas con forma de corazón como monedas, y no son los almendros.

MIGUEL   Estoy asustado.

EVA   Yo también. Últimamente leo mucha filosofía para intentar tener menos miedo. Ahora estoy con los universales de Platón. Si se pudieran aplicar a la realidad, no tendríamos miedo.

MIGUEL   ¿Los universales? ¿Insistes en esas lecturas inútiles de filosofía?

EVA   Según Platón, la idea de «hombre» es más real que cada uno de los hombres que existen en el mundo y es tu mente la que produce el miedo, tu mente privada. El miedo en sí mismo no existe a menos que alguien lo sienta.

MIGUEL   Eva, el mundo que conocimos está en peligro.

EVA   Quizá siempre lo estuvo. No supimos leer las señales. Mi madre…

MIGUEL   Siempre tu madre. Eva, tienes que aceptar que… no tengo ni una puñetera respuesta.

        (MIGUEL *sale de escena. Entra* CUIDADOR.)

CUIDADOR   Sabe que ya no puede salir.

EVA   ¿Va usted a prohibírmelo?

        (*Coje la tripa y se la pone sobre el vestido.*)

CUIDADOR   Yo no, pero sí el contrato que ha firmado. Hasta que nazca el niño usted no puede salir a la calle. Es peligroso.

EVA   No creo que sea más peligroso que estos últimos años. Además, el médico me ha dicho que tengo que caminar al menos una hora diaria.

CUIDADOR   Muy bien, entonces vendré todos los días y saldré con usted, pero con la protección que manda el protocolo. También podríamos caminar en esta misma habitación.

EVA   Yo nunca estuve embarazada. *(Pausa.)* ¿Quiénes redactan el protocolo? ¿Usted lo sabe?

CUIDADOR   El protocolo es… son...

EVA   Igual ni existen. ¿Recuerda cómo descubrimos que no existían los baremos de audiencias? ¿Se acuerda del escándalo?

CUIDADOR   Durante décadas los programas, las series, todo, se medía por la audiencia que se suponía tenían y que se suponía que, a su vez, animaba a las empresas de publicidad a insertar anuncios.

EVA   Se decía que eran aparatitos que se habían distribuido a determinados grupos sociales representativos de la audiencia. Cada aparatito representaba a quinientas personas.

CUIDADOR   Pero un día, a alguien se le ocurrió a través de una aplicación, hacer una encuesta preguntando si tenía o conocía a alguien que tuviera el famoso aparatito, ofreciendo una recompensa elevada a quienes pudieran demostrarlo…

EVA   Nadie contestó. (*Pausa.*) «El traje nuevo del emperador».

CUIDADOR   ¿Cómo?

EVA   ¿No conoce el cuento de «El traje nuevo del emperador»? ¿No le leyeron cuentos de pequeño?

CUIDADOR   No, jugaba a la *play* y me descargaba todo en el móvil.

(*Sale de escena.*)

EVA   Me encantaría contárselo, pero tendrá que disculparme, llego tarde. De pequeña era sonámbula. (*Volvemos a oír el sonido de las teclas de la máquina de escribir de los años 60 y sobre ese sonido* EVA *habla.*) Romeo, nunca he podido olvidarte. (*Vuelve a entrar* ROMEO, *trae un banquito o algo similar muy sencillo, que coloca en el escenario. Los actores se sientan y desaparece el sonido de la máquina de escribir.*) De pequeña era sonámbula. Mi madre más de una vez me pilló intentando abrir la puerta de casa para salir.

ROMEO   ¿Cómo lo sabes?

EVA   Estaba tan preocupada que cuando me metía en la cama, después del beso de buenas noches, me ataba al tobillo un cordel de estambre que no tenía más metros que los que había desde mi habitación a la puerta de la calle.

ROMEO   Lo sabes porque te lo contaron. A lo mejor no es verdad. Mucho de lo que sabemos de nosotros es porque nos lo han contado los demás. La memoria personal es poco exacta, se basa en la memoria de los otros.

EVA   ¿Y qué interés tendría mi madre en que fuera sonámbula? Cada vez que le pedía permiso para ir a dormir a casa de una amiga se ponía muy nerviosa y me decía que le daba mucho apuro contarle a la madre de mi amiga mi problema.

ROMEO   ¿Tu problema?

EVA   Donde ella nació los niños sonámbulos eran considerados peligrosos o infelices.

ROMEO   Científicamente es un comportamiento que se da en el momento del sueño que no se sueña. El treinta por ciento de la población ha sido en algún momento sonámbula.

EVA   Eres un sabelotodo. Eso es lo que más me gusta de ti; eso y lo bien que hueles.

ROMEO   Pues no me pongo colonia. ¿Sigues siendo
               sonámbula?

EVA   Un verano yendo hacia Ibiza, de noche, en
               un barco de la Transmediterránea, me des-
               perté cuando ya había cruzado el cordón que
               te impide llegar a proa; dos metros más y ya
               solo hubiera habido mar.

ROMEO   Eva, a veces, qué rara eres.

EVA   Pero te gusto.

ROMEO   Porque estás muy buena.

EVA   Llamándote Romeo deberías ser algo más ro-
               mántico.

ROMEO   Y lo soy cuando te digo que estás muy bue-
               na, solo que no me entiendes. Cuando viva-
               mos juntos también te ataré una cuerdita al
               tobillo para que no te vayas de casa dormida.

EVA   Te lo tienes muy creído lo de que me voy a
               ir contigo.

ROMEO   Despierta nunca te ataré.

EVA   Cuando acabe la universidad viajaré duran-
               te un año y luego, si aún nos apetece, nos va-
               mos a vivir juntos.

ROMEO   Podrías aceptarme como compañero de viaje.

EVA   No sería lo mismo. No quiero depender jamás de un hombre, al menos económicamente; necesito ser independiente. No tener miedo.

ROMEO   Tener miedo de alguien, a algo, es normal. Yo creo que solo un monstruo podría no tener miedo a nada y aun así…

EVA   A mí me da miedo el mar. Sé que el mar me quiere, que por algún motivo quiere tenerme ahí, abajo, en su cajita de tesoros, con los restos de tantos naufragios, por eso me asusté cuando me desperté a punto de saltar.

ROMEO   Regálame un miedo.

EVA   No sé si fue el miedo, o si fue un sueño, o si realmente pasó. ¿Me prometes que nunca me recordarás que lo sabes?

ROMEO   Prometido.

EVA   Una vez me anestesiaron con éter. Fue espantoso. Me pusieron un algodón tapándome la boca y la nariz y cuando el ahogo era insoportable, me desperté en medio de la oscuridad. Me veía a mí misma flotando y tenía los dedos pulgar e índice, apretados con mucha fuerza, sosteniendo un cable muy tenso que desaparecía en la oscuridad. Intenté gritar, pero por más que me esforzaba no me salía nada por la boca. Me di cuenta que, para siempre, siempre, estaría sola, flotando en medio de la nada. Eso era la eternidad: una soledad absoluta y sin consuelo. Solo pensamiento y dolor. De pronto supe que había otra persona como yo, alguien que estaba sosteniendo el cable del otro lado, que también se sentía inmensamente solo y asustado y esa certeza me hizo sentir en paz y dispuesta a aceptar mi eternidad. Lo siguiente que recuerdo es a una enfermera que olía a ajo dándome cachetadas para que me despertara. ¿No me vas a preguntar por qué me anestesiaron con éter?

ROMEO   No.

EVA   Ahora te toca a ti.

ROMEO   Yo soy el que está al otro lado del cable tenso y no puedo moverme. Lo único que intento hacer es despertarme porque sé que estoy dormido y si me despierto estaré a salvo y te podré salvar.

EVA   Intentas despertarte y crees que lo has conseguido, pero te das cuenta que, aunque trates de moverte, no puedes. Sigues dormido como si estuvieras en el piso superior del sueño, pero sin poder salir.

ROMEO   Mis padres me van a comprar una moto de segunda mano por haber aprobado el curso de preuniversitario.

EVA   No sé si me gusta ir en moto. Desde luego, no iré sentada con las piernas a un lado y un pañuelo en la cabeza. Tengo miedo de que un día me dejes.

               (*Entra* MIGUEL *y mira* a ROMEO.)

MIGUEL   Me lo imaginaba diferente. Es un poco canijo, ¿no?

ROMEO   Miedo otra vez.

MIGUEL   ¿Yo? ¿Miedo de ti?

ROMEO   Siempre he sido una sombra a tu espalda. Cuando follabais nunca has sabido si era en ti o era en mí en quien pensaba. Cuando os peleabais, cuando ella lloraba, nunca has sabido si era por ti o por mí.

MIGUEL   Nunca quiso decirme tu nombre.

ROMEO   Pues dame uno. El que sea.

MIGUEL   No.

ROMEO   No me das un nombre porque, si lo haces, sabes que entonces existiré también para ti. Solo existe aquello a lo que se le da un nombre.

EVA   Cada vez me duele más la cabeza. Necesito ver a mi madre, ella sabrá qué hacer. Creo que me estoy muriendo.

(Salen los tres personajes de escena. Volvemos a oír el sonido de las teclas de la máquina de escribir de los años 60 y, sobre ese sonido, en off, las voces de Médico 1 *y* Médico 2 *con el típico tono de serie de televisión.)*

Médico 1.   *(Voz en off.)* No hay un segundo que perder. Se nos está yendo. No solo ha perdido masa encefálica, tiene fragmentos de costilla clavados en la aurícula izquierda perjudicando gravemente la vena cava.

Médico 2.   *(Voz en off.)* El anestesista de urgencia está casi listo.

Médico 1.   *(Voz en off.)* ¿Han localizado a algún familiar?

Médico 2.   *(Voz en off.)* No lo sé, no llevaba móvil, pero el niño está bien, solo alguna contusión, no se conocían de nada. Ella lo cubrió con su cuerpo.

(Cesa el sonido de la máquina de escribir. Vuelve a entrar Eva, *con un libro grande, llevando del brazo a* Angélica. *Buscan un par de sillas con cojines y se sientan en ellas.)*

Eva   Creo que me estoy muriendo. ¿Cómo estás, mamá? Veo que ha habido cambios en tu habitación.

Angélica   ¿Mamá? Yo no soy su madre, solo tengo una hija de quince años, Eva. Mi nombre es

Angélica y creo que se ha equivocado de habitación. ¿Hoy voy a poder salir a la calle?

EVA   Salir… ya sabes que no, pero luego podemos dar un paseo por el jardín o ir a la cafetería. Angélica, te he traído un libro para leer.

ANGÉLICA   ¿Sí? ¿Qué libro?

EVA   «Los cuentos de Andersen», tomo dos, como me pediste.

           (Le pasa un volumen muy manoseado y forrado con plástico.)

ANGÉLICA   ¿Andersen? Yo no le puedo haber pedido nada…. Es la primera vez que la veo. ¿De dónde lo ha sacado? Es mío. Este libro es mío. (ANGÉLICA *lo empieza a hojear y va diciendo títulos lentamente.*) «La reina de las nieves», «Mi marido siempre tiene la razón», «Las zapatillas rojas», «El traje nuevo del emperador», «La niña que pisó un pan». Gracias… ¿Sabe? Yo también escribo. (*Saca de debajo del cojín un cuaderno y lo abre. Asustada empieza a pasar las hojas nerviosamente.*) Aquí no hay nada escrito, todas las hojas están en blanco.

EVA   No te preocupes. Seguro que luego aparece todo lo que has escrito.

ANGÉLICA   No, eso no es posible. Si no hay nada escrito es que todo esto no es verdad.

Eva   ¿Qué no es verdad?

Angélica   ¡Esto! ¡Usted! ¡Yo! Si no hay nada escrito, es
             que no existimos. Para que alguien exista
             tiene que haber textos, fotos, vídeos, gente
             que te salude por la calle, pues, si no, usted,
             yo, puede que seamos solo un sueño.

Eva   Para soñar antes tienes que estar vivo, existir.

Angélica   Hace años, durante un periodo muy largo,
             todas las noches soñaba con otra vida. Yo no
             sabía que soñaba, en realidad creía que esa
             otra vida, era mi única vida. En esa vida ha-
             bía un hombre gordito que me quería mu-
             cho y yo a él. Éramos muy felices. Vivíamos
             aislados, al borde de un acantilado cerca del
             mar. Cuando abría las ventanas, el olor del
             mar me emborrachaba. Hacía bizcochos de
             todos los sabores. Él tenía una camioneta vie-
             ja de un color rojo desvaído, abierta por de-
             trás y llevaba al pueblo mis bizcochos para
             venderlos y hacía pequeños portes, pero to-
             dos los días, hacia las seis de la tarde, yo sa-
             lía a la puerta a esperarlo y desde lejos, des-
             de muy lejos, lo oía llegar. Todas las noches
             soñaba un día más de esa vida, mi bella vida,
             mientras dormía.

Eva   Eso no es posible.

Angélica   Sí lo es, tiene hasta un nombre: «el síndro-
             me de la Bella Durmiente». Tuve que ir a

un psiquiatra porque llegó un momento en que ya no sabía cuál de las dos vidas era la auténtica.

EVA   ¿Y averiguaste cuál era la auténtica?

ANGÉLICA   Un día, el psicólogo me preguntó si había algo de lo que, en cualquiera de las dos vidas, no podía prescindir.

EVA   ¿Y lo había?

ANGÉLICA   Me di cuenta de que lo único que no quería que fuera un sueño era mi hija Eva, que de ella no podía prescindir y que, donde ella estuviera, esa era la vida que elegía. (*Hace una pausa.*) Esa noche ya no volví a soñar que era pastelera y nunca más volví a ver al gordito que me amaba y al que yo amaba. Creo que es el hombre que más me ha querido en mi vida.

EVA   Quería pedirte disculpas por no haber venido desde hace tiempo. Es difícil salir ahora.

ANGÉLICA   No tiene por qué pedirme disculpas, no entiendo su insistencia en tomarme por quien no soy. ¿De cuántos meses está?

EVA   ¿Embarazada? ¿Yo?

ANGÉLICA   ¡Qué alegría! ¿Estará contenta?

EVA   ¿Debería?

ANGÉLICA   Siempre se ha dicho que un hijo es una forma de bendición o de regalo.

EVA   No te pega decir algo tan manido cuando a menudo sentí que yo para ti era... como un fardo a tus espaldas.

ANGÉLICA   Entre usted y yo, no logro entender ese afán por tener hijos.

EVA   A mí me gustan mucho los niños, pero sé que no hubiera sido una buena madre.

ANGÉLICA   Me siento extraña contándole todo esto a una desconocida, pero tiene que saber que todo amor, y un hijo es el gran amor, lleva oculto siempre el miedo a perderlo y con ello tu destrucción. Yo ya no podría imaginar mi vida sin Eva. Antes de que ella naciera fui una y después fui otra y siempre supe que Eva era, en gran parte, mi destino.

EVA   Te estás ablandando. Tú siempre decías que en nuestros sentimientos había mucho de química, que habría que entender el alma, el corazón examinándolos en un laboratorio como una molécula más, porque sus procesos, sus emociones, eran siempre aleatorios o el resultado de combinaciones espontáneas. Pura biología, el instinto primitivo de reproducir a los de tu especie para no ser vencidos. Te quiero, mamá.

ANGÉLICA   Tener hijos es un gran acto de coraje porque es exponerse a todo tipo de dolor.

EVA   Eres una copiona. Eso lo dijo Saramago, no tú.

ANGÉLICA   También hay que aprender a aceptarlos y cuidarlos de verdad. Y están para siempre, para siempre. Eternamente tienen que estar ahí pues si se van antes que tú, eres una muerta en vida. Da vértigo.

EVA   Habría que haber inventado una especie de prueba de idoneidad para ser padres, pues muchos, tanto ellos como ellas, no los quieren y los tienen forzados por complacer, por no salirse de la norma ni llamar la atención.

ANGÉLICA   Van siempre arrastrando a sus hijos, sordos a sus llantos, a sus preguntas. Solo esperan que duerman mucho y los entretienen dándoles un móvil con enormes bolsas de patatas o de gusanitos. Los culpan de no tener tiempo para ellos. ¡Que se lo hubieran pensado antes!

EVA   Te van a quemar en la hoguera, madre.

ANGÉLICA   Nunca entendí que a aquellos a los que la fertilidad les ha sido negada busquen, cómo sea, un hijo. Ser estéril no es una enfermedad, es un don.

EVA   ¿Un don?

ANGÉLICA   El don de obligarte a vivir la vida sin buscar justificaciones ni aprobaciones. Dentro de la manada, pero sin un rol.

EVA   Insisto, te van a quemar madre.

ANGÉLICA   Sabes que tengo razón.

EVA   Cuando digo que no tengo hijos y que no me importa, me miran raro, como si fuera un monstruo de egoísmo o tuviera una tara de origen.

ANGÉLICA   Yo sé que mi último pensamiento será para Eva. *(Se gira hacia* EVA.) Para ti.

EVA   ¿Lo fue?

ANGÉLICA   No puedo acordarme.

EVA   También decías que era una forma de plantarle cara a nuestra fugacidad, pero ahora...

ANGÉLICA   Ahora, hija, empieza a correr hacia atrás, como los cangrejos, todo lo rápido que puedas, mirando siempre de frente. Intenta escapar.

EVA   Las dos somos fugitivas.

ANGÉLICA   Tú aún no.

EVA   Mamá, me han dado un golpe aquí, y también aquí, y aquí... (*Se va señalando diferentes partes de la cabeza.*) Y no logro despertarme.

ANGÉLICA   ¡Haz un esfuerzo!

EVA   Lo estoy haciendo, te lo aseguro. Mamá, me gustaría presentarte...

ANGÉLICA   (*Mientras sale de escena.*) Hija, ya te he dicho que no me presentes a nadie a menos que estés a una semana de irte a vivir en serio con él o con ella, que luego les cojo cariño y lo paso fatal.

EVA   Mi madre siempre tuvo ataques de mal humor.

               (*Se oye el sonido de las teclas de la máquina de escribir de los años 60 y, sobre ese sonido, en off, las voces de* MÉDICO 1 *y* MÉDICO 2 *con el típico tono de serie de televisión.*)

MÉDICO 1.   (*Voz en off.*) No hay manera de parar la hemorragia, se está moviendo; poco, pero se está moviendo.

MÉDICO 2.   (*Voz en off.*) Ya lo veo... No lo entiendo, debería de estar completamente insensible e inmóvil. Voy a aumentar la dosis de atropina.

MÉDICO 1.   (*Voz en off.*) El escáner no deja de cambiar la imagen. Como si estuviera realizando una acción física muy intensa.

MÉDICO 2.   (*Voz en off.*) Está peleando.

(*Cesa el sonido de la máquina de escribir.* EVA *y el* EMPLEADO OFICINA 1, *con un ordenador en las manos, entrarán en escena y montarán una sencilla oficina.*)

EVA   Mi madre siempre tuvo ataques de mal humor.

EMPLEADO OFICINA 1   Necesito unos cuantos datos antes de poder grabar su petición. Luego me tendrá que firmar la autorización.

EVA   ¿Qué autorización? Me dijeron que esta compañía era muy discreta.

EMPL. OF. 1   Por supuesto que lo somos. Me refiero a la autorización para utilizar todos sus datos incluido el de su pin subcutáneo de búsqueda.

EVA   Antes eso venía en la guía de teléfonos, sin más.

EMPL. OF. 1   No la sigo.

EVA   Últimamente digo mucho «antes las cosas eran así o asá» o «cuando yo era pequeña». Aquí está todo escrito,

EMPL. OF. 1   ¿Y ese antes cuándo fue?

EVA   ¿Sabe que para los griegos los sesenta años era una edad razonable para morir?

EMPL. OF. 1   ¿Los griegos?

EVA   Sí, Parménides, Sócrates, Pitágoras, Zenón…
¿Cuántos años tiene usted?

EMPL. OF. 1   Veintisiete.

EVA   A esa edad nos separamos el amor de mi vida
y yo.

EMPL. OF. 1   No creo que exista el amor de la vida de nadie.

EVA   Lo sé, pero es bonito pensar que sí. Había-
mos quedado en nuestro bar de siempre, era
muy impuntual y eso me ponía nerviosísi-
ma. Siempre venía en moto, sin casco y co-
rría mucho… Una mujer que vio el accidente me dijo que voló por encima del autobús
como si fuera un ángel.

EMPL. OF. 1   ¡Cucú-tras! ¡Ahora estoy! ¡Cucú-tras! ¡Ahora no estoy!

(*Hace el típico gesto que se hace a los niños.*)

EVA   En un segundo, murió. En un segundo, que
ni siquiera logras recordar qué estabas haciendo, toda tu vida cambia. Yo ya estaba
en el bar de la esquina de mi casa, esperán-
dolo, mirando por una ventana, fumando

Ducados y no sentí nada, absolutamente nada... Me fui enfadada porque no llegaba. En un segundo suena el teléfono...

EMPL. OF. 1   ¡Ring, ring!

EVA   ...y tu corazón se para.

(Pausa larga. Sin mirarse, se cogen de la mano un segundo.)

EMPL. OF. 1   ¿Nunca me has olvidado?

EVA   Nunca.

(Pausa y se sueltan de la mano.)

EMPL. OF. 1   ¿Enfermedades anteriores?

EVA   Siempre he sido muy sana. He traído los informes y los últimos análisis. Va todo en este «pendrive».

EMPL. OF. 1   Tiene forma de pistola.

EVA   Pero no dispara.

EMPL. OF. 1   Toda su información la vamos a escanear y guardar en una memoria externa y en la nube. ¿Tiene copia?

EVA   ¿Cree que hace falta?

EMPL. OF. 1   Siempre es bueno tener una copia. Le haremos una extra y le devolveré todo dentro de unos días.

EVA   Lástima que no podamos tener una copia de nosotros mismos.

EMPL. OF. 1   En realidad, ya se puede dejar una copia de nosotros mismos.

EVA   Sobre todo, en estos momentos en que, mires donde mires, solo ves lo que ya no podrás tener jamás. Cuando solo tienes presente y ese es el mayor terror al que se puede enfrentar nuestro pensamiento. Eso, y al dolor y la ausencia.

EMPL. OF. 1   Apunto que la llame un compañero respecto a la posibilidad de guardar su código genético; ese asunto lo gestiona otro departamento.

EVA   ¿Le estoy incomodando?

EMPL. OF. 1   En absoluto; este tipo de reflexiones forman parte del proceso.
(*Se vuelven a coger de la mano.*)

EVA   Me hubiera encantado haber tenido una copia de ti.

EMPL. OF. 1   Y a mí haberme muerto de viejecito y haber podido dar la vuelta al mundo, siempre contigo de la mano.

EVA   ¿Nos volveremos a ver?

EMPL. OF. 1   Es posible. Quiero creer que todo es posible.

                (Pausa y se sueltan de la mano.)

EVA   He traído todos los usuarios y las claves de
                mis redes sociales. No he sido muy activa,
                pero me gustaría que ustedes mejoraran mi
                presencia en mi ausencia.

EMPL. OF. 1   ¿Ha pensado en el futuro?

EVA   Pues como no sea el inmediato...

EMPL. OF. 1   Disculpe; me refería a que, si se diera el caso
                de que saliera una nueva red social, si que-
                rría que la diéramos de alta. ¿O va a poner
                un número cerrado?

EVA   ¿Y qué criterio seguirán para pedir o aceptar
                amistad o poner corazoncitos o *links*?

EMPL. OF. 1   *(Levanta, sorprendido, la mirada del ordena-
                dor.)* La misma que, supongo, seguirá usted,
                el que seguimos todos: dar sí a la mayoría de
                los que le pidan amistad, no leer práctica-
                mente nada y poner muchos emoticonos.

EVA   O sea, que ninguno será mi amigo de verdad.

EMPL. OF. 1   Más o menos igual que ahora, ¿no?

EVA   A algunos los conozco. Poco, pero los co-
        nozco.

EMPL. OF. 1   Imagino que supondrá que necesitamos que
        en su lista haya también amigos más jóve-
        nes, por si acaso, para no quedarnos sin re-
        ferencias reales.

EVA   Referencias reales... ¿Puede ponerse en mi
        lista de amigos?

        (Pausa en la cual se miran.)

EMPL. OF. 1   Sigues llevando la misma colonia.

EVA   Y tú sigues sin usar colonia. Tengo un ál-
        bum con todas tus fotos. Un álbum de ver-
        dad. He pensado en meterlo en una caja de
        hierro y enterrarlo junto al lago del Palacio
        de Cristal.

        (Pausa en la cual dejan de mirarse.)

EMPL. OF. 1   ¿Quién nos avisará? ¿Algún familiar? ¿Al-
        gún amigo en particular?

EVA   Soy la última de la lista. *«Aprés moi le delu-
        ge»*. No tengo familia y prefiero no cargar
        con esa responsabilidad a nadie. Soy muy in-
        dependiente.

EMPL. OF. 1   ¿Y ser independiente lleva aparejado tener
        que estar sola? *(Se queda sorprendido por su*

falta de profesionalidad.) Discúlpeme, no sé por qué lo he dicho. Bueno, a mí no me gusta estar solo.

EVA   A veces la soledad es estupenda, se lo aseguro. Estar en silencio, en un verdadero silencio.

EMPL. OF. 1   Entonces, ¿quién nos avisará?

EVA   Un notario. Un hombre de mi edad que conozco… Bueno, que frecuento notarialmente desde hace muchos años.

EMPL. OF. 1   ¿Él tiene su testamento vital?

EVA   Sí, y él les avisará y les traerá el diamante.

EMPL. OF. 1   ¿Un diamante?

EVA   Sí, el diamante que he pedido que hagan con mis cenizas. He elegido un modelo muy sencillo y me gustaría que fuera el fondo del avatar que vayan a usar como imagen de mi identidad. Con el pelo gris, por favor.

EMPL. OF. 1   Registrado asunto diamante de fondo del avatar con cabello tono gris.

EVA   Ahora, con la tarifa de la incineración, por un pequeño plus, te hacen unos recordatorios muy monos, como los saquitos de peladillas de los bautizos de antes.

EMPL. OF. 1   Mañana, sin falta, lo tendrá en su correo. (*Mete en su ordenador el «pen».*) La copia del documento de cesión de derechos. Carpeta con fotos. Otra carpeta con los cuadros de pintores que más le gustan. Otra con sus escritores favoritos. Biblioteca de autores musicales y piezas... y, ¿esto?

EVA   Películas, pero sobre todo textos teatrales. A mí el teatro me ha dado tanta vida. Quisiera que tuvieran en cuenta el contenido de estas carpetas al subir los *posts*.

EMPL. OF. 1   Por supuesto que todo se tiene en cuenta. Cuanto más material nos deje más nos facilita ser consecuentes con lo que fue usted en vida (*Se da cuenta de su error.*) ...y que aún lo es.

EVA   No se preocupe, ya queda poco. No creo que salga de la operación. (*Pausa y se miran.*) Me ha gustado mucho volver a verte.

EMPL. OF. 1   Tú fuiste lo último en lo que pensé cuando volé sobre el autobús. (*Pausa.*) ¿Vienen también especificadas las reminiscencias de sus últimos encuentros? Ya sabe. Ya sabes que son cinco como máximo.

EVA   Me bastan cuatro incluyéndome a mí. Apunta los nombres: Romeo, Miguel y Angélica, mi madre. Ya los he empezado a usar.

EMPL. OF. 1   Lo bueno de esta aplicación es que solo depende de la voluntad, del deseo del usuario.

EVA   Últimamente siento que las miles de personas que me dio el destino, las que recuerdo, las que elegí yo para amar —qué insistencia tenemos los humanos con el amor—, todas son únicas y todas son intercambiables.

(Entra EMPLEADO OFICINA 2 *que se coloca en el sitio de* EMPLEADO OFICINA 1. *Este se levanta y, aunque le cuesta irse, hace mutis y continúa la escena.)*

EMPLEADO OFICINA 2   ¿Estás segura? Puedes doblar las reminiscencias por coste un extra mínimo.

EVA   Estoy segura. Creo que ya tengo el lóbulo parietal en situación crítica y quiero disfrutar de mis recuerdos con todos mis sentidos.

EMPL. OF. 2   ¿Puedo hacerte una pregunta? En realidad, no me está permitido, llevo poco en esto y…

EVA   Puedes.

EMPL. OF. 2   ¿Tienes miedo?

EVA   No, no es miedo, pero siento que no sé cómo he llegado hasta aquí. Hace nada tenía todo por hacer y solo deseaba dejar de ser una niña, y hoy estoy haciendo las maletas para

volver a una especie de patria imposible.
¿Quizás una estrella?

EMPL. OF. 2   Eva, por favor, ¡tienes que despertarte antes
de que sea demasiado tarde!

EVA   La gente viene y se va. Dame un beso como
a la Bella Durmiente.

EMPL. OF. 2   He atravesado océanos de tiempo para en-
contrarte.

EVA   Se me ha puesto la piel de gallina, pero tú no
eres Drácula. Tú eres Miguel y no me dejan…
por más que lo intento, no me dejan, no puedo despertarme.

EMPL. OF. 2   ¡Si puedes! Eva, ¡despiértate antes de que sea
demasiado tarde!

(Sale de escena junto con EVA. *Entra el sonido
de las teclas de la máquina de escribir de los
años 60 y, sobre ese sonido, en off, las voces de*
MÉDICO 1 *y* MÉDICO 2 *con el típico tono de serie de televisión.)*

MÉDICO 1   Me acaban de informar que ha hecho testamento vital. Hay que ponerle otra bolsa de
sangre, pero no mantenerla viva si el cerebro
colapsa.

MÉDICO 2   Se está formando un edema en el lóbulo parietal, si sale de esta lo que le espera será
duro. ¿Pulsaciones? Quizá deberíamos…

MÉDICO 1.   ¿Quizá? ¿Y tu juramento hipocrático?

MÉDICO 2.   Ha hecho testamento vital. Ella, no yo, decide.

(*Cesa el sonido de la máquina de escribir. Entra, colocándose una barba larga gris muy cutre, y unas alas de cartón, el* RECEPCIONISTA DEL CIELO. *Lleva una libretita y un lápiz y se pone a mirar su reloj de pulsera, como si esperara a alguien. Entra* EVA *de espaldas como si alguien la hubiera empujado.*)

EVA   Eva, ¡despiértate antes de que sea demasiado tarde!

RECEPCIONISTA DEL CIELO   ¿Se ha leído el cuestionario?

EVA   ¿Ya me he muerto?

RECEPCION.   Soy yo quien hace las preguntas. ¿Al menos habrá sacado un número de la máquina expendedora?

EVA   (*Abre las manos y se las enseña.*) No tengo nada. Por favor, ¿podría hacerme volver donde estaba?

RECEPCION.   ¿Dónde estaba? ¿Cuándo?

EVA   Antes de estar aquí. Por favor.

RECEPCION.   Lo siento. Esa autorización no me consta en su expediente. *(Abre una carpeta, que lee en voz alta y mira alternativamente a* EVA.) Mujer de edad indefinida... Sin hijos... Agnóstica... Trabajadora social los últimos diez años... Con más de veinticinco residencias diferentes. ¡Vaya! A usted lo de mudarse de residencia parece que le gusta.

EVA   Mucho. No soy nada caracol, y abrir la ventana y ver siempre el mismo paisaje es algo que no va conmigo. *(Pausa.)* Como yo no he decidido venir aquí será mejor que me vaya.

(Mira a su alrededor buscando una salida sin encontrarla.)

RECEPCION.   No puede salir sin haberme firmado la ficha de entrada.

EVA   ¿Dónde tengo que firmar?

RECEPCION.   En una de las hojas del cuestionario que se supone debía traer con usted y haberlo leído y firmado.

EVA   Ya le he dicho que no he cogido nada.

RECEPCION.   Eso ha sido un error por su parte. En los carteles viene bien clarito.

EVA   ¿De qué carteles me habla? ¡Yo no he visto ningún cartel!

RECEPCION.   No se ponga nerviosa.

EVA   Y no soy una mujer de una edad indefinida, soy una mujer tirando a mayor que no sabe a santo de qué se encuentra aquí, porque mía no ha sido la idea.

RECEPCION.   Mía tampoco.

EVA   Estamos en el... (*Señala con un dedo hacia arriba, El* RECEPCIONISTA *dice que no con la cabeza.* EVA, *entonces señala hacia abajo. El* RECEPCIONISTA *dice no con la cabeza*) Entonces..., ¿dónde?

RECEPCION.   En la administración de ambas.

EVA   ¡Ah! Disculpe mi tono, siempre he sido muy vehemente y ahora estoy asustada.

RECEPCION.   Lo entiendo. Al principio siempre cuesta adaptarse. Y lo de indefinida no se lo tome a mal, pero, para mí, usted podría tener cualquier edad. La que quisiera. Es una de las cualidades de este sitio. No existe el tiempo.

EVA   Cuando era joven creía que tenía que salvar el mundo, no sé de qué, pero salvarlo.

RECEPCION.   Los mundos no se pueden salvar. Es mucho pretender de uno mismo.

EVA   Quizás no salvarlo, pero sí hacerlo más jus-
             to, pero me agoté enseguida.

RECEPCION.   ¿Cambió de idea?

EVA   Perdí la energía incombustible de creer en
             algo, pero hubo un tiempo en que fui joven
             y valiente.

RECEPCION.   La creo.

EVA   Cuando eres joven es más fácil sentir que
             siempre se puede empezar de cero y cambiar
             algo a mejor y, a veces, hasta lo consigues.

RECEPCION.   Libertad de elección, aunque por aquí lo lla-
             mamos el libre albedrío.

EVA   El libre albedrío sirve de poco cuando tú y
             tu tiempo se convierten solo en trabajo, fa-
             milia y pagar, siempre pagar facturas y hacer
             números y no tener asegurado un techo so-
             bre tu cabeza. El horror de contar números
             que no acaban nunca.

RECEPCION.   Tengo entendido que lo del trabajo y la vi-
             vienda ya no es lo que era.

EVA   Sí, en eso tiene razón.

RECEPCION.   Creo que hay mucha confusión entre ser y
             tener.

Eva	Hoy solo si tienes, eres.
Recepcion.	¿Y usted está de acuerdo?
Eva	No, pero los seres irracionales estamos en vías de extinción.
Recepcion.	Irracionales. Suena bien.
Eva	Darwin y las leyes de la evolución deberían haber contemplado la posibilidad de decidir volver atrás.
Recepcion.	No, no se puede. *(Pausa.)* Es posible que esté en la naturaleza de la humanidad.
Eva	¿El qué?
Recepcion.	Distraerse de lo esencial.
Eva	Creemos que estamos acabando con el mundo, cuando realmente con quien estamos acabando es con nosotros. La Tierra seguirá más bonita o menos, pero seguirá. Esa será la verdadera evolución.
Recepcion.	No sé qué pensara Darwin de su teoría, se lo preguntaré cuando lo vea.
Eva	¿No cree que la vida es injusta obligándonos a envejecer? Claro que la alternativa es peor.

RECEPCION.   Eva, la vida no es justa ni injusta: es. Y le ase-
             guro que muchos le dirían que la juventud
             fue la peor de sus etapas.

EVA   Ser joven es maravilloso.

RECEPCION.   ¿Puede centrarse un poco? ¿Siempre salta de
             un tema a otro?

EVA   Sí, y más ahora, que tengo menos días por
             delante que los que dejé atrás. ¿O era por de-
             lante? Tengo un lío.

RECEPCION.   ¿Sabe por qué está aquí?

EVA   No lo sé. Voy a despertar, ¿verdad?

RECEPCION.   Eva, El niño está bien. Solo tiene el susto y
             algunos raspones. Su cuerpo hizo de escudo
             para que a él no lo aplastaran, pero usted está
             destrozada. Su cerebro está gravemente da-
             ñado.

EVA   Siempre he sido fuerte, puedo recuperarme.

RECEPCION.   ¿Se creía usted especial?

EVA   (Se toma un tiempo antes de contestar.) Hice
             todos los papeles que me fueron pidiendo:
             hija, amiga, novia, compañera, trabajadora
             comprometida, mujer emancipada y cuando

¡por fin! podía ser yo sin más, a unos descerebrados les da por hacer estallar una bomba y ahora estoy aquí sin haber tenido tiempo para asumirlo.

RECEPCION.   Voy a ver si puedo ayudarla. (*Se va a un teléfono como del siglo pasado que estará por algún lado del escenario; lo descuelga, pero no tiene tono.*) Esto cada vez funciona peor. Hay una falta de organización tremenda. Y ya me ve, en los tiempos en que toda la información es intangible, yo aún trabajando con carpetitas y sin nadie que me responda al otro lado de la línea.

EVA   ¿Aquí no tienen cobertura?

RECEPCION.   (*La mira cargado de paciencia.*) Vamos a intentar rellenar el cuestionario basándome en otro que recuerdo. Dígame el primer nombre que le venga a la cabeza que supongo será el suyo.

EVA   Judas Iscariote.

RECEPCION.   Judas, el gran amigo de Jesús, existió, pero no como un traidor. (*Pausa.*) Ese no es su nombre.

EVA   Es el primer nombre que me ha venido a la cabeza y yo no he dicho que fuera un traidor.

RECEPCION.   Señora, estoy intentando ayudarla, en vista de que ni ha traído el cuestionario ni le han dado un número en la recepción.

EVA   Odio las colas y había bastante gente alrededor del mostrador y una única señorita atendiendo.

RECEPCION.   Usted es una de las personas que estaba en el mercado cuando hubo la avalancha, ¿verdad?

EVA   Sí, estalló una bomba.

RECEPCION.   *(Mira el cuadernito.)* ¿Una bomba? ¿Está usted segura? Según consta, no fue una bomba, pero sí hubo una avalancha, producida por la explosión de más de cien petardos a la vez. Una broma, sin más, de unos adolescentes. Lo curioso es que los daños humanos, estadísticamente, aunque sin víctimas mortales, por el momento, serían parecidos a los mismos que si hubiera sido una bomba. ¿No le parece gracioso?

EVA   Pues la verdad es que no. ¿Una avalancha? ¿Con daños se refiere a mí?

RECEPCION.   Eso es, pero no se lo tome a mal.

EVA   ¿Los que produjeron la avalancha están también dentro de los daños?

RECEPCION. *(Mira de nuevo su cuadernito.)* No, no están, ni un rasguño. Los cuatro han tenido suerte. Suele pasar.

EVA ¿Y eso quién lo decide?

RECEPCION. ¿El qué?

EVA Lo de tener suerte.

RECEPCION. Eso toca o no toca, pero nadie de este departamento lo decide.

EVA ¡¿Disculpe?! ¿Me está usted diciendo que lo fundamental, que es prácticamente lo que todos sabemos, que se nace o se muere porque está de Dios —y me da igual a qué dios se refiera— ahora resulta que no es así?

RECEPCION. Señora, si quiere presentar una reclamación, está en todo su derecho. Yo simplemente soy uno de los muchos encargados de dar la entrada, nada más. A menos que usted haya cambiado de idea…

EVA ¿Se puede cambiar de idea? ¿Puedo volver?

RECEPCION. ¡Sí, claro! Si cumple los requisitos.

EVA ¿Qué requisitos?

RECEPCION. Uno: que acepte el posible estado del deterioro de sus funciones físicas y mentales. Dos:

que puede ser, que las coordenadas espacio/tiempo sean otras. Tres, y fundamental: que alguien debe reemplazarla. Y por supuesto no se admiten reclamaciones.

EVA   Me parece amoral lo que me está ofreciendo. ¿Elegir a alguien para salvarme yo?

RECEPCION.   Solo le estoy informando que existe esa posibilidad. Yo solo sigo las normas.

EVA   Detesto esas frases hechas. Cuando alguien me dice: «esto es lo que hay» me entran unas enormes ganas de decirle: «no, esto no es lo que hay, es lo que tú dejas que haya».

RECEPCION.   Es usted muy rebelde. Eso también viene aquí. *(Señala el cuadernito.)* ¿Entonces esta es su decisión definitiva?

EVA   Sí, le agradezco la oportunidad, pero a estas alturas voy a ser fiel a mis principios, que tampoco son tantos, y en esos no entra salvarme a costa de otro.

RECEPCION.   Eva, me es usted simpática; si le parece, le voy a dar unos segundos más para que se lo piense bien.

(RECEPCIONISTA DEL CIELO *le da el cuaderno y sale de escena.)*

EVA   No hay nada que pensar. ¡No se vaya! ¡No me deje sola! (EVA *abre el cuaderno y lee en voz alta.*) «Lo que tenía que ser. Lo que fue. Decisiones acertadas. Decisiones equivocadas». ¿Y esto subrayado? «Lo paso fatal siempre que olvido el texto».

(Se oye el sonido de las teclas de la máquina de escribir de los años 60 que seguirán como fondo cuando en off, se oirá la voz del PERIODISTA, *retransmitiendo una noticia por la radio.)*

PERIODISTA   (*Voz en off.*) Han sido identificados los cuatro jóvenes que ayer por la mañana provocaron un grave incidente con varias víctimas, una de ellas en estado crítico, en un mercado del centro. Los jóvenes, todos menores de edad, hicieron explotar, en un breve espacio de tiempo más de ciento cincuenta petardos, que previamente habían escondido en la barandilla de las escaleras de una de las salidas del mercado, con la consiguiente desbandada ante el pánico generalizado. El objetivo de semejante acto fue grabar un vídeo para convertirlo en viral. Vídeo que subieron a las redes y que en menos de veinticuatro horas tuvo medio millón de visitas.

(Entran MUJER, JOVEN y HOMBRE.)

MUJER   Lo paso fatal siempre que olvido el texto. Cada vez que me doy cuenta de que yo también empiezo a olvidar, me asusto.

JOVEN   ¿Sabes cómo terminó el asunto del agua?

HOMBRE   He oído que hay que conseguirla en el mercado de estraperlo o negociar con los distribuidores chinos. Son los dueños del ochenta y cinco por ciento del mercado de agua no salada.

JOVEN   ¿Agua? ¿Tú *quelel* agua? ¿Tú *tenel dinelo*?

HOMBRE   Los chinos la fueron comprando silenciosamente mientras el resto del mundo estaba entretenido en comprarle a ellos de todo.

MUJER   Ropa falsificada de marca, flores de plástico, cajas de todo tipo. Todos tus caprichos los podías encontrar a dos duros en el chino de la esquina, que siempre olía a plástico y a ambientador.

JOVEN   Ambientadores de flores sintéticas, pero el corazón del chino de la esquina siempre olía a silencio, a desesperanza y a tabaco. Al dolor de tantos cuerpos encerrados sin ver la luz. Su corazón era cansancio y añoranza.

MUJER   Alisados chinos y manicura, mucha manicura… Uñas falsas, color permanente, estilo francés, piedritas y corazones, ojos de gato, escamas de sirena, colores en 5D. Uñas como joyas, como garras.

HOMBRE	Televisores, ordenadores, móviles, iPads. ¿Sabes cuántas horas me pasaba navegando por las redes? ¿Cuántas veces miraba el móvil al día? A veces, de llevarlo siempre en la mano, me daban calambres.
MUJER	Entrábamos en sus negocios con algo de desprecio. ¿O quizás era desconfianza?
JOVEN	Y volvíamos la cabeza con indiferencia cuando veíamos sus tiendas abiertas a todas horas y dentro, en el silencio, a uno de ellos marchitándose a la luz de los neones y mirando unas pantallas enanas.
HOMBRE	Y cuando alguien preguntaba que cómo era posible que trabajaran a todas horas siempre había alguien que contestaba: «no saben hacer otra cosa, para ellos el ocio no existe, trabajar es su vida. Trabajan como chinos». ¡Ja, ja, ja!
MUJER	Pero nos olvidamos de que sus hijos nacieron en nuestro mundo y se tuvieron que esforzar mucho, porque no se lo pusimos fácil. Crecieron sabiéndose diferentes y casi siempre rechazados. Pero esos niños preciosos de ojos como canicas de ónix y cabellos de seda negra nos superaron y supieron utilizar nuestras reglas mejor que nadie.
EVA	(*Entra inesperadamente en escena, pero esta vez sí la tienen en cuenta.*) Mamá, vamos a

tener que empezar a despedirnos. Estoy muy cansada.

MUJER   Veía tus pies a través del agua del mar con tus zapatitos de plástico de tiras transparentes y, lo mejor de todo, tenía tu mano tibia de niña chica en la mía. Adiós, hija.

EVA   Adiós, mamá. (*Pausa.*) Ahora tú, Romeo.

JOVEN   Yo seguía volando. Vi abajo mi moto rodeada de transeúntes y oí llorar al chofer del autobús. Abrí los brazos y seguí planeando, y conmigo iba ese llanto que me perseguía. Un llanto que había empezado como un grito. Tu llanto y tu grito, y estaba muy triste. Pasé rozando la copa más alta de algunas palmeras, que casi podía tocar con la mano. Más abajo aún, veía remolinos de arena bailando con bolsas de plástico. Tu llanto y el ochenta por ciento del mar lleno de plástico. (*Pausa.*) Nunca te he olvidado.

EVA   Miguel, te toca.

MUJER   Miguel, es importante saberse el texto. Eva, en su cabeza, necesita nuestro texto. Se está muriendo, nos estamos muriendo y, si yo fuera tú, empezaría a tomarme en serio empezar a recordar algo o nos iremos definitivamente.

JOVEN   Solo se sabe una frase: quería decirte que me equivoqué.

HOMBRE   Quería decirte que me equivoqué.

EVA   Dejar de querer a alguien no es una equivocación. Simplemente pasa.

JOVEN   *(Se oye el sonido de varios corazones que laten.)* ¿Y ese sonido?

MUJER   Va y viene. Antes eran más, muchos; ahora cada vez se oyen menos y con menos fuerza. También mi corazón late cada vez con menos fuerza. Creo que dentro de poco tendremos que despedirnos, compañeros. El desagüe nos espera. Eva, estás empezando a olvidar.

              (Todos los actores salen de escena excepto EVA. *Volveremos a oír el sonido de las teclas de la máquina de escribir de los años 60, mezclado con del sonido de una respiración lenta, y el del monitor de hospital. Entra en escena* LA MUERTE, *con el traje de la primera escena. Vuelve con un paquete que sabemos es un reloj de arena.* EVA, *en cuanto lo ve, se tapa los ojos y se adelanta, dejando a* LA MUERTE *a su espalda.)*

EVA   ¡Un, dos, tres, al escondite inglés! (LA MUERTE *avanza hasta colocarse no muy lejos de* EVA.*)* Creía que eras mujer. Siempre te imaginé mujer.

LA MUERTE   Sí, es un clásico, aunque nunca he entendido el motivo. A veces llevo articulo femenino: «La Muerte, La Morte, La Mort, Moarte», pero en otras muchas lenguas es todo lo contrario: «Tod, Death, Thanatos, Död, Smert, Heriotza, Morte, Ölöm, Almawt…».

EVA   (*Se vuelve a tapar los ojos.*) ¿Almawt? ¡Un, dos, tres, al escondite inglés!

(LA MUERTE *avanza velozmente hasta quedar detrás de* EVA.)

LA MUERTE   Son solo palabras. Yo soy algo más que una palabra, ¿no crees?

EVA   Me recuerdas a alguien. ¡Un, dos, tres!

(LA MUERTE *se coloca a su lado.*)

LA MUERTE   Soy lo que tú quieras que sea.

EVA   Ahora solo querría que te fueras.

LA MUERTE   Llevo esperándote mucho tiempo. Desde el día que casi fuiste mía, nada más nacer, con tu pequeño cuello rodeado por tres vueltas del cordón umbilical. Ya casi te había alcanzado cuando, con el último empujón de tu madre, hiciste una pirueta de trapecista, te desenroscaste del triple collar, y quedaste suavemente colgada entre sus piernas.

EVA   Abrí los ojos.

La Muerte	Y me miraste. Me quedé paralizado mientras a tu alrededor se multiplicaba el circo de enfermeras: «¡mi hijo, quiero ver a mi hijo!». Eso fue lo que gritó tu madre y yo le susurré: es una niña.
Eva	Nunca te he tenido miedo.
La Muerte	¿Ni siquiera ahora?
Eva	Tú deberías saberlo.
La Muerte	Soy la muerte, no un adivino; como mucho, un barquero.
Eva	¿Por qué te llevaste a Romeo tan pronto?
La Muerte	No tuve nada que ver. Nunca he sido celoso.
Eva	Pues nadie lo diría. ¿Y tu opinión no cuenta?
La Muerte	Sé que no suena glamuroso, pero yo soy un mandado. Me han dado más importancia de la que tengo. Lo siento, pero esta vez no hay pirueta que valga para que la arena de tu vida siga fluyendo.
Eva	La vida iba en serio, como dijo el poeta. Se acabó mi tiempo.
La Muerte	Ahora sí que tienes todo el tiempo del mundo o, mejor dicho, el tiempo ha dejado de pasar.

EVA   El tiempo pasa, pesa y no borra nada.

LA MUERTE   ¿Tú sabes por qué los salmones remontan la corriente de los ríos para ir a morir en el lugar que los vio nacer?

EVA   No tengo cuerpo para jugar a las adivinanzas y no lo sé.

LA MUERTE   Sí lo sabes. (*Pausa.*) Vuelven porque han cumplido su destino y corren feroces hacia arriba, a donde pertenecen. ¿Dónde mejor pueden estar? ¿Has visto lo grande que está hoy la luna y cuantas estrellas te esperan?

EVA   No veo ninguna luna y no me veo viviendo en una estrella.

LA MUERTE   Eva, Deberías probar a dejar de tener miedo a desaparecer. Siempre sucede. Antes o después os vais por un desagüe, delgado como el cuello de una botella, y no es tan doloroso. Un instante de ahogo y ya está.

EVA   Si fuera el personaje de una obra, de una forma u otra seguiría viva.

LA MUERTE   Pero no has salido de la cabeza de un creador.

EVA   De eso no estoy tan segura.

LA MUERTE   No sé cómo ayudarte.

Eva	Mientras alguien me recuerde no desapareceré.
La Muerte	Yo siempre te recordaré.
Eva	¿Pretendes que me haga ilusión que tú, precisamente tú, me recuerdes?
La Muerte	No sabes lo inmenso y cambiante que es el espacio donde se han juntado todos los que te has empeñado en recordar.
Eva	No me cambies de tema.
La Muerte	Realmente no es una ciudad. Es una isla. Tu cabeza, tu isla. Una isla líquida que cambia constantemente.
Eva	¿Una isla? Me gustan las islas.
La Muerte	Esta isla se transforma conforme tus recuerdos van cambiando. Según cómo los sueñas se crean calles, plazas, edificios, montañas, ríos, y huele muy bien. Cualquiera puede cambiar de actividad cuando le da la gana; no existe el dinero ni los premios, ni los fracasos.
Eva	Espero que no haya banderas. Detesto las banderas.
La Muerte	Ni una, allí nadie está obligado a escoger. No hay bandos.

EVA   Estoy un poco mareada.

LA MUERTE   Aguanta. Aún te quedan unos minutos. Con-
             céntrate en algo que te distraiga.

EVA   Háblame de mi isla.

LA MUERTE   Están todos los tú que te has empeñado en
             no olvidar. Algunos de pronto aparecen como
             un rayo y enseguida desaparecen. ¡Son tan-
             tos que no sabría por dónde empezar!

EVA   Siempre me dio miedo hacer una fiesta y, que
             por el motivo que fuera, no viniera nadie.

LA MUERTE   Pues en tu isla ha habido muchas fiestas y han
             asistidos muchos, miles, tantos como en tu
             cabeza y en tu corazón han ido pasando y se
             han hecho un sitio. Tu cabeza nunca ha para-
             do de imaginar. La lista ha sido enorme...
             Como tu memoria. A veces ha habido un
             poco de sobrepoblación. Ahora ya...

EVA   Quedan pocos, lo sé. Lo que más rabia me
             daba no era olvidar sus caras, sino sus voces.
             ¡Recordar a veces es tan difícil! La memoria
             se deshilacha y no siempre la atas por don-
             de corresponde.

LA MUERTE   Tenemos unos amaneceres de muchos colo-
             res. Los eliges tú. Lo único que no cambia es
             que nos rodea un mar cubierto de niebla y
             nunca anochece...

EVA   Una isla empujada hacia atrás en medio de la niebla.

LA MUERTE   Yo siempre estuve a tu lado. Siempre soy vuestra sombra.

EVA   No me acuerdo de ti.

LA MUERTE   Es lo que tiene ser la muerte.

EVA   ¿Tú también los has visto?

LA MUERTE   Nunca he dejado de verlos.

EVA   De noche vienen. ¡Los echo tanto de menos!

LA MUERTE   Ellos también a ti.

EVA   ¿Está...?

LA MUERTE   ¡Por supuesto! Te sigue esperando en el bar de la esquina de tu casa desde hace... ¿cuarenta años? Ese bar es de los pocos espacios que no ha variado jamás. Él apenas se mueve del asiento y mira a través de la cristalera mientras no para de fumar Ducados y de beber café. La moto está aparcada enfrente y nadie se ha atrevido a cogerla.

EVA   Si hubiera sido posible le hubiera dado años de mi vida.

LA MUERTE	Menuda estupidez. Eso es pura literatura. En realidad, salvo excepciones, solo he visto que se dé la vida por salvar a un hijo o a un niño, como tú.
EVA	Fue un acto reflejo. ¿Está bien?
LA MUERTE	Sí, y ese niño, sin conocerte, te recordará siempre.
EVA	No sé si me reconocerán cuando me vean así.
LA MUERTE	¿Quiénes?
EVA	Todos.
LA MUERTE	¿Así? ¿Cómo?
EVA	Vieja.
LA MUERTE	Te seguirán viendo igual que el día que os conocisteis.
EVA	*(Destapa el objeto. Vemos que es el reloj de arena del inicio y que toda la arena ya está en la parte de abajo.)* ¿Cómo va a seguir mi isla líquida?
LA MUERTE	Eva, francamente, eso ya no tiene ninguna importancia.
	(De pronto, oímos el pitido característico, que hace el monitor de un hospital, cuando alguien

muere y a continuación el sonido de las teclas de la máquina de escribir de los años 60. Sobre ese sonido hablará el PERIODISTA.)

PERIODISTA   (*Voz en off.*) La mujer que resultó herida en la avalancha de un mercado del centro no ha podido superar las heridas que sufrió y acaba de fallecer. Los autores del accidente, todos menores de edad…

(*Suena la versión de* «*Senza Fine*»[*] *de Gino Paoli y sobre estas piezas sigue el dialogo y baile final.*)

EVA   ¿Qué me puedo llevar?

LA MUERTE   Miles de buenas noches.

EVA   (*Se dirige hacia* LA MUERTE *y la abraza por detrás.*) ¡Sí! Estás aquí para cuidarme. ¿Y ahora?

LA MUERTE   Tiempo de morir.

(EVA *con delicadeza hace el gesto de pedirle bailar a* LA MUERTE *y empiezan a bailar. Al cabo de unos segundos, salen* ANGELICA *y* ROMEO *y bailan entre ellos mientras se va haciendo…*

Oscuro final.

---

[*]   *https://www.youtube.com/watch?v=R1Gc0Np3BOY&t=86s*
    https://www.youtube.com/watch?v=r13gL81HfO0

Empezada en Madrid
en agosto del 2019.
Olvidada y sin corregir durante el 20/21/ 22.
Primera corrección
en junio del 2023 en Kithira (Grecia)
y guardada de nuevo en un cajón.
Segunda corrección en Madrid, abril del 2025
y terminada en junio del 2025 en Kithira.

Esta primera edición de *Un día perfecto*
de Laura Cepeda, terminó de imprimirse
en octubre de dos mil veinticinco,
en Madrid.